고향은 쉼 없이 말한다

경남시인선 224

고향은 쉼 없이 말한다

김판암 시집

시인의 말

우리는 각자의 고향을 가지고 있습니다. 태어나면서 가지는 곳이 있고, 살아가면서 가지는 곳도 있습니다. 부모님이 살아계시는 고향은 언제나 우리의 마음이 바라보는 곳입니다. 그곳에서 지냈던 삶을 떠올려 동심을 펼치기도 하고 향수에 젖기도 합니다.

각자의 고향을 마음에 두어 들여다보기에 들어갈 때마다 향기 가득한 발걸음은 웃음을 되새겨주어 추억에 잠기게도 하고 그날의 언어들을 풀어서 마음을 포근하게도 합니다.

고향을 노래하였습니다. 모두가 가지고 있는 고향. 우리의 삶을 포근하게 하고자 시 한 권을 두 번째로 엮었습니다. 내 삶을 기억하는 모든 분이 이곳에 녹아 있음을 기억해 주시길 바랍니다.

2020년 10월
통영에서 眞山 김판암

차례

시인의 말　　　　　　　　　　　5

제1부　　마음을 만드는 고향

봉선화　　　　　　　　　　　12
그리움　　　　　　　　　　　13
끈　　　　　　　　　　　　　14
떠나간 사랑　　　　　　　　　15
문　　　　　　　　　　　　　16
연정戀情　　　　　　　　　　18
생일　　　　　　　　　　　　20
초　　　　　　　　　　　　　22
흙을 밟고서　　　　　　　　　23
가슴에 묻힌 편지　　　　　　　24
이상理想　　　　　　　　　　25
고향에 내린 눈은　　　　　　　26
나는　　　　　　　　　　　　28
소란小蘭　　　　　　　　　　29
고향은 숨 쉰다　　　　　　　　30

제2부 고향은 자라게 한다

나그네의 꿈	34
가려진 그곳	35
내일은	36
지팡이	37
로고스의 생명	38
생사生死	40
바다	41
무소유	42
짝사랑·1	43
씨앗	44
살리라	46
존재	47
섬	48
보시는 이	49
어머니는	50

제3부　고향은 쉼 없이 말한다

피지 못한 꽃은 잠들지 않는다	52
무지개	53
8월이 되면	54
희망의 바다	55
산	56
별이 잠든 밤	57
파도가 사는 방식	58
예수	60
짝사랑·2	61
낙엽·1	62
기분 좋은 날	63
주름 속 무게	64
꽃	66
향기는 태어난다	67
심장에 잠자는 고향	68

제4부 내 흔적이 노는 고향

나그네	72
내 곁에서	73
슬프지 마라 꽃이 떨어지는 것은	74
참 쉼	75
창조주	76
산이 된다는 것은	77
돈	78
발자국	79
이름	80
꽃이 되어	82
낚시	84
꽃처럼	86
회환回還	87
나는 한비자를 좋아한다	88
내 속에 사는 고향	90

제5부 고향은 잠자지 않는다

고향이다	92
봄 이야기	93
고향은	94
장송곡	95
쪽배	96
밤바다	97
달빛에 발을 싣고	98
뒷길	99
낙엽 · 2	100
낙타 무릎	101
한순간	102
기회	103
요람 안 돌확	104
욕지도	106
내가 살던 고향은 그곳에도 있다	108

에필로그 | 고향   109

제1부

마음을 만드는 고향

봉선화

산이 감싸는 자리
옷깃 맨 꽃이 응시하고 있다

드러누운 길 위 모퉁이
돌 무리 속
활짝 핀 얼굴이
고개 내밀어 헤집고 피었으라

두~ 둥실~
하늘을 거니는 달을 바라보며
마음 띄워 잎사귀 감싼 혀 벌리고
시침 삼키며 도도히 자리 잡아
달이
눈뜰 때를 바란다

흙 속 맨발로
웃음 가득 향기를 펼친다

그리움

아련히 보이는 모습
스침도 체향도
곁에서 훑으며 떠날 줄 모른다

낮에도 밤에도
꽃망울
촉촉한 눈가에
말없이 내려앉아
자리를 감싸니
꺼풀 둘러싼 눈빛이 애처롭다

천 리에 앉은 꽃은
향기 없는 날만 되어 찾아온다

끈

 삶은 많은 끈을 가지고 있다. 누구는 먼저 끈을 가지고 와서 기다리고, 누구는 먼저 온 자들의 끈을 통하여 온다. 먼저 온 끈은 갈 때는 순서가 없다. 먼저 와서 먼저 가기도 하고, 먼저 와서 나중 가기도 한다. 그러나 끈은 먼저 온 것도 나중 온 것도 울음을 쏟아 낸다. 끈은 사선의 문을 들어가도 끊어지지 않고 연결되어 있다. 끈 속에는 피가 산다.

떠나간 사랑

싸늘한 눈빛과 차가워진
너의 말 속에서
이별을 예감할 수 있어서

뒤돌아서 있는 나는
아닌 척 웃으며 너를 보냈지만
더 이상 너를 쳐다볼 용기가 나지 않아
멍하니 걷고 또 걸었어

흩날리는 바람에
꽃과 풀잎은
어느 것 하나도
내 것이 아닌 것이 없었지만
스쳐 지나가며
아픔을 노래했어

꿈인 듯
간직하고픈 날들이
이제는 덧없이
눈물과 함께 씻겨져 내린다

문

사각틀 안에 산과 바다가 갇혀 있다

빛이 사라졌다가 돌아오면
다시 태어난 몸짓으로
눈을 파고든다

풀이 춤추기도
나무가 손을 흔들기도
땅을 뽑아내는 아지랑이가 자란다
구름에 휩쓸리는 새는
울타리를 타고 넘는다

이마에 골 없는 풍경은
새 옷을 입기도 하지만
거센 바람이 파도를 때리면
바다도 흙으로
새 옷을 갈아입는다

갇혔던 나무는
어디로 갔는지
골을 타고 춤추는 파도는
사각틀 안에서
너덜너덜 옷을 흩날린다

틀 안에 잡혀 있는 것은
허물을 벗기 위해 춤춘다

연정戀情

피어나는 꽃은 달을 넘기며
덮게 달린 물결을 쌓기도 펼치기도 하는 것
마음속에는 곡조 없는 음성이
파도치며 노래하여라

계곡을 흐르는 강이
물보라를 보내어 이별을 말하여도
나는 너에게 사랑을 주려 갈 것이오
마음은 당신 곁으로 갔으니

산이 높다 한들
바다가 깊다 한들
한 발의 넓이에 가두어지는 것
아직 내 발이 잠자지 않으니
끊임없이 갈 것이오

산과 강과 바닷속에
발의 울림을 묻고,
씨앗 속에 마음을 담았으니
온기로 꽃망울 터트려 주기를 바라오

내 몸이 갈 것이오

누구도 빼앗지 못하게
가슴에
숨겨두기를 바라오

생 일

내 손은
휘날리는 바람에 몸 싣고 나는
새와 같아

내 발은
줄기에 붙어 희망 줄 놓지 않은
열매 같아

내 걸음은
흙 위에 둥지 삼고 휘날리는
꽃잎 같아

내 몸은
흑암 깬 한 줄기 빛을 타고
설렘과 울음으로 왔소

나는 요람의 그네에서
담장을 넘어 목소리를 내어놓고
잠자는 눈을 깨워
한 날을 만들었소

내 날은
해와 달을 넘길 때마다
쉬지 않고 찾아오오

초

흐느끼는 눈물이 숨어 있는 곳

땀이 배어 있는 몸으로
자신을 불살라 길을 낸다

누군가의
길이 되고
벗이 되며
웃음이 되어

눈들을 이끌고 있다

흙을 밟고서

빛이 어두움을 먹을 때
자욱한 안개 속에
나를 묻었다

나무가 그림자를 감추고
고요 속에 노래가 묻힐 때
나를 보았다

그때에
산허리에 핀 꽃 한 송이와
하늘 나는 새를 보고서
무지개를 탈 수 있음을 알았다

가슴에 묻힌 편지

내 속에서 일컬어지는 편지는
그가 땀으로 내게 쓴 사랑입니다

땀 흘리며 걸어온 길은
내가 살아가는 길을 만들었습니다

흐르는 강물에 꽃이 춤추며
한 방울의 땀도 흘리지 않고
걸어갈 수 있었던 것은
소금꽃 덕분입니다

억새꽃 찬 이슬을 먹을 때
맨발에 깊어가는 골을 만들었던
보름달은

어느덧 그믐달이 되어
소금꽃 흔적만 간직한 채
어두워져 가고 있습니다

이제 평생 묻었던 편지 하나를 씁니다

어머니!

이상理想

내 손안에
숨 쉬는 짧은 가난이 있다
몸의 옷을 통해서 볼 수 있는
형상은
민낯의 초라함이다

여러 개로 찢어진 그곳으로
아지랑이 춤추고
매서운 눈들이 오고 간다

흔적의 갈래를 만들어 놓은
내 속에서는
상처를 감싼 새싹이 솟아난다

초라함 속에서
싹이 빛을 먹는다

고향에 내린 눈은

하얀 공간 속에
촉촉한 눈꽃이 도사리다가
옷에 달라붙어 스며들고 있다

하늘이 쳐 놓은 하얀 망사 줄에
이곳저곳은 가려져
눈시울에서 아지랑이 춤출 때
거리는 길을 펼친다

광열한 태양이 등에 업혔을 때는
온천지 가득했던 발자국이
백설에서 거니는 나를 보고서는
희미해져 보이지 않는다

걸음이 빨라
그림자도 쫓아오지 못하던 시절은
어디로 갔는지
이제는 그림자도 보이지 않고
자국만 남아
외길의 벗으로 있다

결국에
남는 것은
고향에 묻혀 있는 걸음뿐

나는

내리꽂는 빗(雨)살 속에서
고난을 이기는 법을 배우고 싶어라.

강렬하게 밀려오는 추위에 맞서
풍파에도 꿋꿋한 들꽃이 되고 싶어라.

휘 감싸는 바람과 구름 속에서
희망과 갈증을 해소하기 위한 물줄기가 되어
애타하는 이의
몸에 붙어 있고 싶어라.

샘물처럼 솟아나는 법을 익혀
은하수 속
돛단배 모는 사공이 되고 싶어라.

소란 小蘭

동장군
매서운 칼바람 등에 업고
파죽지세로 허공을 가른다

찬 바람 휘감아 도는 창공에
떠밀려 가는 구름 사이로
꽃잎은 떨어져 나불거린다

세차게 때리는 바람과
눈빛에 으름장 숨 쉬는 새는
시린 몸 꺾으려 하지만
절벽 위에서 지내온 세월

한-
호흡에 심혈을 심어
발 끝자락 굳게 딛고
백척간두에서 옷깃을 여민다

누구도 갖지 못한 굳은 정심 正心
잎사귀에 매달린 한 방울 눈물로
절개를 가다듬다

고향은 숨 쉰다

내 눈에 갇힌 바다는

파란 바다
하얀 바다
검은 바다
색동옷 칭칭 감고
가슴에서 출렁이며 뛰논다

뜨는 태양 아래에서
해맑은 웃음 아래에서
흐르는 눈물이 모인 곳에서
옷을 입는다

벌거벗은 몸으로 소리를 꺼내면
동내는 급하게 눈을 뜨고
꾸벅꾸벅 졸던 까치는 놀란 가슴 달래며
해가 걸려 있는 산으로 달아난다

조각배 땀 흘리며
집으로 돌아오면
산을 떠받쳐 있던
해는 어디로 달려갔는지
닫혀 있는 하늘은
붉게 물든 달을 데려와
어머니에게 저녁밥을 짓게 한다

눈과 귀에 묻혀 있는
그림자는
어린 날의 옛 걸음에 묻혀
몸속에서 길을 거슬러 일구어간다

제2부

고향은 자라게 한다

나그네의 꿈

머물 곳 찾아 떠도는 구름

구름 속 새는 땅을 모른다

잔잔한 물결은
해초의 허리를 흔들고
달리는 시간은
머리에 백발을 심긴다

잡초 하나,
나뭇가지 하나 날리는 바람
숨소리와 발걸음을 두고 온
어린 날의 몽상을 옆에 끼고
구름과 새를 날리며
해와 달이 춤추는 곳으로 길을 연다

그대여!
걸음 속에 묻혀 있는 것은
그리움이 춤추는 곳만이 아니니

이정표 없는
걸음의 무게는 가볍다

가려진 그곳

산통의 아픔 속에는
울음과 기쁨이 춤춘다.

몰아치는 폭풍과 비바람 속에는
새순이 몸부림치며 내뿜는 향기가 춤춘다.

뙤약볕 소금꽃 피어나는 곳에는
아들과 딸의 웃음이 춤춘다.

흑암과 맞선 별의 꿈속에는
환한 샛별의 웃음이 춤춘다.

가려진 그곳
결국은
땀과 고통의 열매가 춤춘다.

내일은

뛰어갈 것이 아니면,
호흡은 느려지는 것인가, 그때.

누구든지 티끌을 묻히지 않고 사는 것은 아니니. 사방 기둥 가득한 티끌은 태양을 받으면 빛나고 어둠을 먹으면 검어지게 되나니. 이 땅에 휘날리는 티끌은 나에게도 너에게도 있다. 청아한 새소리 잠재우는 곳에도, 폭풍 속 몸부림치는 갈대의 땀에도, 어둠에 먹힌 초승달에도, 내일의 보름달은 있는 법이다. 누군가 걸음의 작은 티끌을 내려보지 마라, 그 속에는 걸음이 흘리는 땀이 자고 있다.

지팡이

한 발이면서
두 발로 세 발로 발을 바꾸며
문턱을 넘나들던 그는
친구 잃은 슬픔에 잠기어 있다

발이 되었던 친구는
시시때때로 옷을 갈아입고
무지개를 밟으며 동행하였다
끝에 이르니
어디로 갔는지 보이지 않는다

남의 발이 되었던 그는
친구 잃은 쓸쓸함에 잠겨서
벽에 기대어 추억에 묻혀 있다

또, 다른 누군가의 친구가 되는 것이
허기진 배를 잡는 것보다
아쉽고 부담스러워
보낸 친구를 그리워하며
외로이 서 있다

어둠과 빛이 춤추는 곳에서
친구 잃은 날을 세며 살아간다

로고스의 생명

작은 동네 이름도 알 수 없는 나사렛
이름을 찾지만
숨도 가질 수 없는 그곳에서
세상 향한 외침의 길이 열렸다

길을 따라오고 있다

그는 나무의 무게를 이기지 못했다
힘겨워 쓰러져서
구레네 사람에게 주었지만
죄의 무게를 느끼지 못한다

짊을 어깨에서 내리지 않았다

낮은 산
흑암이 숨어 있는 곳
맞대어 지른 나무를 두어
생명이 숨 쉬는 길을 심었다

그곳은
밝고 영광스러워
개벽과 어두움으로 알렸다
하늘의 외침으로
빛의 어두움으로
검은빛의 무게가 들게 했다

골고다 나무는
모든 이의 심장과 피를 통하여
빛을 담은 메아리를 주고 있다

영원히 살아서
목놓아 외침을 보낸다

수고한 흔적의 무게를 덜어주기 위해서

생사生死

흙
위에서
살고

흙
아래에서
살고

바다

한 폭의
하얀 구름을 간직한 너
들어가 누워 바라본다

출렁이는 뱃살 속 너울
반짝이는 다이아몬드를 찾아
넋을 잃고 낯빛을 드리운다

수평선 너머엔 누가 사나
눈망울 속에 잠든 천진함을 깨워
푸른 꿈을 찾는다

무소유

먼지 위를 걷는 발걸음
가진 것은
머릿속 금은보화.

거울 속에 잠자는 씨앗
빈손 가득 잡히니
행복했던 날은 썰물이 되고
불행 가득 한 밀물만 밀려든다.

호주머니 속 먼지 하나
내 것인 것이 없지만
손을 스쳐 간 마음의 흔적은 살아서
비에 몸을 씻으며
흐느끼는 낙엽이 되었다.

짝사랑 · 1

눈이 감싼
꽃잎을 그리워하며
가슴속 감춰둔 이를 불러봅니다

눈 안에 핀 꽃술을
잊지 않으며
뜬눈으로 새웠습니다

어느덧
손수건에 내려앉은 쪽빛에서
꽃술의 웃음을 봅니다

내 몸은
꽃술에 묻혀
잊혔습니다

씨 앗

몸으로 삼키고 있다

두꺼운 옷
온몸에 두른 채
달을 쌓으며
또 얼마나 많은 봄을 맞이해야 할지
잠들어 있다

긴 한숨에 올라타
풍파에도 흔들리지 않고 왔다
만개할 눈망울을 품고서 숨죽여 산다

형상을 간직한 채
꽃과 열매로 태어날 날을 바라며
흙을 덮어쓰고 물세례를 받으면서
견뎌왔던 날을 몸으로 삼켰으니
이르지 못했지만 깨어나리라
더 낮을 수 없는 땅속에서
누구도 춤추려 하지 않는 곳에서
옷을 벗을 것이다

긴 호흡 속
둘러싸인 장벽에서
숨결과 끈질긴 두드림으로 살았으니
쉬지 않으리
피우려고 간직한 형상이 있으니
숨죽여 잠들었던 비루한 곳에서
길이 회오리에 휘감겨도 꺾이지 않고 기다렸다

그날만을 위해서

살리라

태양이 맹렬하게
화를 내뿜는 기세에
바람도 숨어
꼼짝달싹 못하는 춤추는 정오

들끓는 열기는
흥에 겨워 춤추고
아지랑이 꿈틀꿈틀
강렬한 태양에 노닐 때
숨죽인 바람에도
몸짓을 흔들며
대지의 정열을 토해내는

잡초의 몸짓은
낮은 것이 없고
가벼운 것이 없다

너에게 있는 것은
나에게도 있기에

존 재

향기는 담을 넘어
철옹성을 뚫고

빛은 비좁은 틈을 헤집고
달리는 것을 멈추지 않는다

철창에 갇혔어도
비집고 들어갈 틈이 없어도
몸짓은 쉬지 않는다

문밖
비탈길에서도
살아왔기에

섬

해를 감고서
바다를 거닐다 보니
길손들이 노닐다 간 흔적이
몸집에 붙어 있다
눈망울이 품어내는 소리는
흔적을 새기며
지나온 발자국을 품고
물 위에 그림을 그린다
그 시절에 잡혀

보시는 이

해가 가린 낮엔
밝은 빛을 통하여 보시고

달이 가린 밤엔
별빛을 통하여 보시며

옷으로 가린 몸엔
심장 소리를 통하여 보시는 이 있으니

한평생
낮에도 밤에도 몸에도
빛과 달과 심장 소리와 어우러져 살면 어떨까

보시는 이의
눈은 쉬지 않으니

어머니는

그곳에는
머리에 소금꽃 피워
쉼 없이 모이 먹이는
새가 있습니다

날개 깃털에도
소금꽃은 만발하여
철없는 검은 머리를 바라보며
노심초사 끈을 놓지 않습니다
한숨을 뿜어내는 소금꽃은
부여잡고 놓지 않습니다

찬바람 휘날리는 곳에서도
온기 가득한 것은
긴 세월 한 곳에 자리 지키며
꽃잎을 흔들어 숨이 춤추게 했기 때문입니다

그곳을 옮겨와
박동치는 심장에 묻었으니
놓지 않고 지켜가겠습니다

제3부

고향은 쉼 없이 말한다

피지 못한 꽃은 잠들지 않는다

휘날리는 날개
한숨 담긴 입술을 열기 위해서
허공에 부채질을 한다

날개 없는 뼈는 공중에서 춤추고
파문의 리듬에 올라탄 꽃술은
나비를 부르며
밟고 선 땅이 꺼지도록
신트림을 뿜어낸다

끝없는 호흡 속
피지 못한 꽃은 잠들지 않는다

무지개

한 시절 꿈은
비가 해산함으로 생기고

하늘을 밟고 선 두 발은
햇볕의 빛살에 녹아
사라진다

두 발
걸어보지 못하였으나
화려함은 풍겼다

8월이 되면

바다는 쉴 틈이 없다.

은빛 살갗에 배는 출렁이고
언어들의 놀이에
잠을 이룰 수가 없다.

모래사장 뒤흔드는
바다의 속삭임에
노을은 떠밀려 가고
하얀 이빨 검어져
잠들어 간다.

그렇게
8월은
내일을 만든다.

희망의 바다

눈물로 가득한 바다에서
싹이 난 희망의 돛단배를 타고
파도가 이끄는 대로.

희망이 춤추지 않아도
구겨진 파도가 뿌리를 내려
살고 있을지라도
조약돌이 길을 간다.

하늘이 흘린 눈물이
바다를 적셔도
울퉁불퉁 뛰어오른 하얀 뱃살을
밟으며 내디딘다.

가득 찬 눈물의 바다가
수평선에 있는
하늘의 덮개를 걷어
태양을 올릴 때까지.

산

숱한 세월 속
묵묵히 자리를 지키며
말이 없다

잔잔한 미소 간직한 채
흘러가는 구름도
달도 걸터앉아 쉬고
쉬엄쉬엄 거닐게 툇마루가 된다

걸음을 재촉하는 바람은
휘감아 땀을 훔쳐
나무를 달래어준다

품속에 들어온 한숨과
땀 흘리는 새들의 보금자리가 되어
뿌리들을 안고 살아간다

별이 잠든 밤

칠흑의 몸짓에
찾아온 어두운 밤
눈 감아
더 깊은 어둠을 보려 한다

빛 바늘
하늘에 자수 놓아
보석이
어둠 속에서 노니는 밤
눈을 뜨자
매달린 보석방울이 눈을 덮는다

하나둘 세다가
스르르 잠에 묻힌다

눈꺼풀 속에서
별도 잠을 잔다

파도가 사는 방식

1.
갈라진 길이 펼쳐져 있어
헤어짐을 반복하고
그래서 언제나
제 몸을 이루기에 이별을 모른다

2.
파란 옷 입고
속에 꽃무늬를 그리고 있다
수많은 무늬가 꿈틀거리며
걷기와 달리기를 반복한다
대양을 거닐다 도착한 석양도
내려앉아 파란 옷 속에서 자리 잡고 산다

3.
순진한 자태를 바닥에 뿌리고
하얀 이빨을 감추고 있다
흙과 모서리를 만나면
하얀 이빨을 수없이 드러낸다
멍석 깔린 곳에선 야단법석을 떨면서

요란한 소리를 낸다
요지부동 섬을 만나면 피하여 길을 간다
그렇게 집을 지키고 고향을 지킨다
하얀 이빨은
그의 외치는 몸짓이니

어둠이 내린 밤바다엔
현란한 만남만 춤춘다

예 수

만물 속에 오셔서

보이시고
말씀하시고
죽으셨다

누구든지 오라고

십자가를
남겨놓으셨다

짝사랑 · 2

보는 것으로
있는 것으로
마음에는 꽃이 피고

스치는 것으로
대화하는 것으로
꽃향기 가득하다

눈으로 되새겨
음미하니
천지간 분간할 수 없다

꽃잎에 내려앉은 햇살은
가슴속 솟아나는 샘물 되어
쉼 없이 목말라
잠 못 이룬 밤낮을 몰아간다

낙엽 · 1

풀잎은
바람 타고 오는 소리에 흥얼거리고
개나리 노오랑 저고리 날갯짓에
향기 숨죽여 퍼져간다

실낱같은 가느다란 팔에
온몸을 맡기고
쏟아지는 햇살에
우거진 그물망을 펄럭인다

한 가닥 길을 두어
바람에 몸을 실었으니
행복하여라
그대여!

기분 좋은 날

화창한 하늘
왠지 오늘은 좋은 일이
생길 것 같아

실바람 타고
콧노래가 흘러가는
룰루랄라 소리에 춤춘다

메마른 나무에
꽃이 앉은 날

주름 속 무게

주름은 속에 무게를 갖고 있다

짐의 수고로움을
알고 있는지, 보고 있는지,
꼭꼭 숨기지만
즐거움과 웃음소리는
주름 속 무게를 더해 간다

얼마나 숨어 있는지
주름에 묻혀
발걸음의 길이와 함께 길어진다
천근의 무게가
이보다 더 무거울 것인가

언제쯤
무게를 빼낼는지
짐을 벗어 버릴 수 있을는지
주름은 깊이를 알 수 없다

둥지 걷어찬
자식의 가벼운 발걸음을 위하여
백발 속 고뇌와
밥 한 톨 씹을 수 없는 기력에도
펴지 않고
주름은 겹겹이 무게를 쌓아간다

해를 보내고 달을 보낼수록
무거워진다

꽃

젊어서 아름다웠던 꽃

푸른 오색 새싹은
정원을 화사하게 꾸미고
향기 가득하게 하였다

해가 뜨고 지는 동안
꽃술을 가슴에 품고서
어린 꽃들을 가꾸어왔다

아침에 집을 나서서
저녁이 되면 자리를 지키며
꽃잎이 떨어지는 줄 모르고
정원을 지켰다

옆에서
아내는
고요히 잠을 잔다

향기는 태어난다

어떻게 가질 수 없지.

 몸을 휘감는 아픔 속에서 머리는 태양을 향하여 응시하고 있다. 석양이 내리는 수평선에서 몸부림치는 아픔도 감추고 있다. 마침표 하나와 느낌표 하나를 두고, 몸에 희망을 노래하며 밤을 지새운 날을 쌓은 마침표, 흙을 뚫은 아픔이 쌓인 사막에서 살았던 날들. 적막과 날을 이긴 잉태는 향기로 말한다. 그 속 생의 향기는 뿜어진다. 가질 수 없다는 것은 태어나기에.

심장에 잠자는 고향

뜬 달은 지지 않는다

내 속에 잠자는 새싹의 순은 고향에서 자라
몸속에서 심장을 쿵쿵 때린다

보름달은
꽃에 빛을 얹어 동네 어귀에 뿌리고
빗살무늬 사이로 눈웃음 짓는 별은
풀잎 그네 타는 귀뚜라미를 깨워
어린 순 잠자는 곳에
자장가를 울린다

검은 밤 동네를 지키는
부엉이도, 누렁이도
놀란 가슴 쥐어 잡게 비추며
눈뜬 밤을 보낸다
한 번 가면 오지 않는
옛 고향의 흔적을 보내지 않기 위하여

둥근달 속에서만 찾아오는 고향
어제의 달을 오늘 그곳에 보내고
별을 시켜 낮이 와서 잊지 않게
파수꾼을 세운다

내 속 보름달은
나이를 먹지 않고 동네를 비추니
커져 버린 눈에도
구름이 가린 하늘에도
달은 지지 않는다

달은 내 것이다

태어나면서 각각의 달을 가지니
달은 고향을 품고 살아간다
걸음과 함께 고향도, 달도 깨어 있다

제4부

내 흔적이 노는 고향

나그네

하늘에 떠 있는
꿈의 무게는
흐르는 구름의 무게와 같다

잠자는 발걸음 속 그림자는
고목古木이 베풀어준 그늘에
숨겨져 있다

모래성에서
영화榮華를 꿈꾸며
파도 노랫소리에
힘겨운 발그림자
선잠을 부른다

내 곁에서
— 내리사랑

너는 두 발로 걷고
해가 뜨고 지는 사이에 왔다
땀방울 송골송골 매달려 있을 때도
놓지 않고 꼭 잡고 있었다
넌, 내가 어둠의 끝에서 길을
잃고 헤맬 때도
내 곁에서 나를 보고
힘을 만들어 주었다
너는 걸어가는 걸음이 달려
땀을 흘리고 있을 때도
어둠과 빛이 번갈아 갈아타도
길을 놓지 않게 하였다
석양이 하늘 문을 닫을 때도
태양과 달이 밤낮을 바꾸어
별이 눈 뜨는 밤에도
곁에서 이정표가 되었다
그리고 지금 너는 내 곁에서
나를 보고
나는 네 속에서 나를 찾는다
언제나 곁에서
내 땀이 흐르는 이유와
걸음의 길이를 일깨워준다

슬프지 마라 꽃이 떨어지는 것은

슬프지 마라 꽃이 떨어지는 것은
슬프기 때문이 아니라
지나온 시간을 나누기 위함이니라

우리 내 그림자도 피었다가 지는 법
강렬한 햇살 아래 그림자는 가장 작지만
그 속엔 힘찬 긴 그림자,
그릴 시간을 준비하고 있나니
지기만 하는 것은 아니니라
지기 위해서 피기도 하는 법이니라

피지 못한 꽃은 잠자지 않는 법
그날만을 위하여 꽃씨를 만들어
향기 품을 날을 고대하고 있나니

우리 내 그림자도
가장 작은 햇살도

참 쉼

푸른 하늘
망망대해까지 안고 있어
좁디좁은 천지
마음 둘 곳 없어서
이러지도 저러지도

몸 잃은 그루터기
싹을 찾아 헤매고
떠도는 이름 모를 새 한 마리
서 있는 곳은 날개가 춤추는
허공 속

바람 한 점 없는
내 속
그곳에
씨앗을 뿌린다

창조주

태초에 창조하시던
그의 눈빛은
찬란한 밤하늘에
별이 되어 반짝이며
세상을 향하여
햇빛 뒤에서 달빛 뒤에서
살피며 이끈다

우주가 살아온 시간 속에서
만물의 등불이 되어
하염없이 공급하는 숨결로 있으니

온기 가득한 은빛 강물은
창조한 세계를 감찰하며
애달파 하는 그의 눈물이라

로고스의 숨결
만물의 움직임 속에 쉬지 않고 가득하니
그의 눈빛은
우주에 펼쳐져 있어
온 누리 두루 살핀다

산이 된다는 것은

한 줌의 흙도
허락하지 않은 채
긴 날을 지내왔다

그래서!

누구보다
창성昌盛한 몸짓이 되어
앉아 있다

돈

많이 있지만 넘치지 않고
적게 있지만 마르지 않는다

흘러 대지를 적셔도
만족함이 없어서
언제나 부족하다

너의 손을 건너
내 손으로 오지만
누구의 것도 되지 않는다

어디로 갈지
알 수 없는 길에서
정처 없이 떠도는

주인 없는 주인이 되어

발자국

가야 할 길이 놓여 있어서
겹겹이 쌓인 사막을 가로지르며
숨죽여 살아왔다

하얀 꽃이 핀 곳을 거닐기도
검은 파도를 맞이하기도 하면서
색 없는 삶을 살았다

강을 건너다
바다를 헤엄치며 살던 시절
바닷속에 있는 줄을 몰랐다

내가 살던 곳은
빛도 어둠도 없는 숨만 사는 곳
몸에 숨이 붙어 있어서
세상에 있다는 것을 알았다

몸에 색깔 하나를 칠하고
발자국 하나를 새겼다

그곳은
흔적을 간직하고 있다

이름

골짝에서 싹이 움트다 사라져도
향기는 흙에서 살아간다

하얀 옷을 입으면
햇살 향기를 담고
검은 옷을 입으면
밤의 향기를 풍긴다

향기 먹은 발걸음은
온몸을 두르고
지나간 흙 위를 되새겨 보지만
한 줌의 먼지에 덮여 보이지 않는다

걸음의 깊이는 가지지 못했어도
가치와 밤낮의 날개를 달고
모나지 않은 흙으로 살았으니
남겨진 것은 춤춘다

해와 달을 먹을수록
빛을 발하고
사공이 없어도
바람을 맞으면
돛대 단 등불이 되어
춤추는 빛을 발한다

꽃이 되어

진흙에 갇혀 이슬을 머금고
썩어지는 고통 속에서
숱한 밤을 지새웠다

차디찬 비바람
가랑잎 부딪치는 밤과 맞서며
묵묵히 웅비雄飛를 꿈꾼다

흘러가는 바람 곁에서
순을 이루어
감춰진 자태를 풍긴다

눈에 흥건히 맺혀
흐르던 눈물은
어디로 갔는지 보이지 않고
햇살의 반김과
흙의 포근한 웃음에
심장은 향기를 뿜는다

산들산들 부는 바람에
지칠 줄 모르는 가무로
몸을 날린다

낚시

몽환이 잠자는 곳
갈 때마다
문 열고 나와
잠자고 있던 웃음도 내뱉어 주고
지나온 즐거움을 늘어놓는다

해와 달에 묻혀 담아두었던 어린 손짓은
만날 때마다 새 옷을 입고
어우러진 그날 속으로 간다

태양 아래
거친 바람 속에서
노는 바다를 안으면
너에게 한 개, 나에게 한 개가 있지만
모일수록 늘어가고
바다가 만들어준 하얀 산은
출렁거리는 물결이 안고 있는
이야기를 뿜어낸다

입속에 담고 온 바다는
늙지 않는 벗을 지키는 화신化身이 되었다

또 하나의 바다를 품에 담았다

꽃처럼

네 속에서 풍기는 향취는
도도한 자태로 잠자고 있는
몸짓이다

태양이 구름을 비집고 햇살을 보낼 때
진흙 속 으름장을 녹여
춤추게 하련다

회환回還

있을 때는
없을 때를 생각하고
없을 때는
있을 때를 생각하며
유수流水 속에서 해와 달의 손짓으로 살았다

마냥!
지나온 길은 그대로인데
뒤안길 속으로
주마등이 스며들어 자리 잡고
떠나가지 않는다

붉은 옷 걸친 황혼은
강렬한 햇살을 그린다

나는 한비자를 좋아한다

나는 한비자를 좋아한다.
정체성 품은 곧은 소리를 좋아하고
굽은 것을 자로써 펴는 법치주의를 좋아한다

하늘 향한 입은 법치주의를 외치지만
비탈진 곳에 살면서
외치기는 메아리가 춤출 때까지
입을 벌린다

왜 그리 -
진흙에 박힌 꽃가마를 좋아하는지
더러워지는 것은
'배 속에서 나오는 것이 아니라
머릿속에서 나오는 것이
더럽게 한다' 했으니

법으로 가득 찬 곳이 될수록
사슬의 족쇄를 차고서 날갯짓을 한다
촘촘한 그물망에 걸음은
길을 잃었다

하루살이는 걸러내고
낙타는 삼키면서
유토피아를 꿈꾸고
이데아가 춤추는 세계를 갈망하면서
걸음은 고뇌 찬 쓴 물을 쏟아 낸다

법에서 살아가기를 갈망하는
한비자를
나는 좋아한다

내 속에 사는 고향

볏짚 모자 머리에 이고서, 우편에 큰 바위 옆에 차고 초가 삼간은 앉아 있다. 집 앞을 지나다니던 숱한 걸음을 봤을 늙은 파수꾼은 쭉 뻗은 다리를 땅에 박고 긴 팔 벌리고 서 있다. 그곳에 아버지가 잡아 온 뱀 한 마리 쭉- 늘어져 바닥을 응시하고, 흘러나온 선혈은 떨어지면서 붉은 왕관을 만들어낸다. 나무 사이를 헤집고 달려온 실바람은 쉴 틈 없이 방문을 열어 젖히고, 지나가던 개 한 마리 염소를 불러 마당을 휘젓는다. 중천의 해는 수평선 밑에 둔 집으로 가기 위해서 석양을 불러들인다. 온통 주황빛으로 물들여진 바다는 내일의 문을 열 준비를 한다.

어머니는 실바람에 목소리 태우고 노을에 그림자를 띄운다. 저녁 수평선 너머 밀려오는 파도의 주름살 부딪치는 소리에 어머니 아버지의 '밥 먹어라'는 소리는 온 동네를 달리며 휘젓고 내 속에서 울려 퍼진다. 해와 달이 거닐면서 춤추는 사이 고향이 숨 쉬는 소리는 어느덧 내 몸에 붙은 흔적 속으로 들어와 잠이 든다.

제5부

고향은 잠자지 않는다

고향이다

  잎새가 춤추는 곳에서 햇살이 꿈꾸며 날개 달고 살던 고향 바람은 숨소리 설 곳을 휘돌아 간직한 보따리 풀어 동네를 채우고, 작은 몸짓으로 뜨겁게 차갑게 시간을 달구었다. 땀은 찬물에 사라져 온기를 잃지만, 심기운 씨앗 하나는 잎새를 만들어 꽃을 앉히고, 새를 쉬게 했다. 떠나온 땅속에 박힌 발자국은 먼지가 소복이 쌓여 사라져가지만, 빛이 춤추는 곳에서 새 신을 신는다. 그곳에 심기운 흔적은 잎을 펼친다.

봄 이야기

하늘에서 내리던 백설 꽃에

땅 속에 박혀
꽃망울 숨죽이며 지내던 시간
흙이불 걷어차고
몸이 으스러지는 힘겨운 사투에
손가락 하나를 쭉– 내밀었다

땅껍질 지키던 땅 주인을 향하여
싹은 기지개를 켜며
껍질을 벗긴다

폭포수 땀은
꽃이 되어
나비가 앉았다

고향은

주인 잃은 마룻바닥
군데군데 속살이 뜯기어
옛 주인의 무게를
고이 간직한 상처를 안고
잡초 벗 삼아 제집인 양
자태를 뽐내고 있다.
아이 소리 불어오는 풀피리에 묻혀
온 동네 새벽 속 정적은 쉼 없이 춤춘다.
쉴 사이 없이 열고 닫히던 방문에
기댄 바람이 입술을 열고 있다.
심장에 춤추던 고향의 어린 향기가
눈과 귀에 선하게 펼쳐지지만
한적한 시간 속
구름 한 점 노닐지 않는다.

장송곡

별이 춤추며 돛단배 타는 하늘

잘 가시오
내 걸음은 너 있는 곳을
너는 나 있는 곳으로
내 날의 망부석을 보내노라

신발에 붙은 흙이
흘리는 땀을 봐주오

가져갈 것을 갖고
내게 꽃길을 펼쳐주오

죽지 않는 별 속에서 등불이 될라오

쪽 배

둥실둥실 두-둥실
떠다니는 쪽배에 몸을 맡겨
정처 없이 헤맨다

자유로운 이정표가 되어
아무것도 찾지 못하고
갈 곳이 없어도

어제 보았던 길이
오늘 가는 길이 아닐지라도
빛이 춤추는 곳으로 떠난다

밤바다

출렁이는 뱃살 위로 달리는
먼 길 하얀 머리카락 휘날리며
어둠을 깨우는 당신은 이곳의 정적을 몰아냅니다

당신이 오지 않으면
나는 검은 빗살에 쌓여
닭이 울 때까지 있어야 합니다

별들이 노래할지라도
파도가 바위를 만나 헤어지고 합치는 만남을 노래할지라도
당신이 오지 않으면 나는 당신을 기다려야 합니다
나는 당신을 향하여 눈을 뜬 채 감았기에
당신만이 나의 눈을 뜨게 할 수 있습니다
당신만이 이 정적을 깨울 수 있습니다

고함치면 달려오는 당신이 그립습니다

달빛에 발을 신고

몸짓으로 달을 깨워
어둠을 먹은 바다 위에
한 줄기 빛으로
붉게 밝힌다

빛살에 미소 짓는 바다는
철썩철썩- 쓰억쓰억- 소리 내어
하늘 벽에 갇힌 정적의 밤을 깨운다

어머니의 만삭의 날과 같이
바다의 풍요가 깃든 만선같이
너 보는 이에게 희망의 날을 주어
오고 간 이들에게 길이 되었다

다시 오지 못할 곳으로 가야겠지
오지 못해도 너만은 있어서
정처 없는 이의 길이 되어다오

뒷 길

가만히 귀 기울여 보세요
새싹이 노래하는 소리를

바쁜 걸음 내려놓고
천천히 음미해 보아요
순간- 순간-
기억될 날을

잠시 모든 걸 내려놓고
멈춘 시간 속에서 느껴요

땅에 그려진 걸음의 깊이를

낙엽 · 2

팔 하나를 너에게 뻗어
땀 흘리는 종적의 묘연을 끊어버리려 해도
너는 생기의 근원

뻗어가는 굴레 속에
고요가 외치는 길을 만들며
바람에 흔들리는 자태는
내가 사는 방식

온몸이 대지 속에 살아도
생명을 잉태하는 힘으로
바람에 몸을 실어
흙이불 속으로 간다

다시 태어날 날을 바라면서

낙타 무릎

해가 기지개를 켜고
달이 어둠을 몰고 오니
나무가 잉태한 그림자는 해산하였다

석양이 지평선 아래 묻힌 밤
낙타는 무릎을 꿇고 일어서지 않는다
발꿈치가 엉덩이에 붙었다

무릎은 발바닥이 되어
해와 달을 보냈다

낮과 밤이 밀려나는 시간
눈가에 송골송골 맺힌
간구와 애절한 눈물은
얼굴에 하늘길을 만들었다

낙타는
낮과 밤을 삼키며
무릎으로 만든 발바닥으로 살아간다

한순간

여린 순을 가진 꽃은
그것을 감추려
화려한 자태를 드러내고
눈들을 좋아하는 무성한 꽃은
꽃잎을 펼치며 잎들을 날린다

향기 잃은 꽃은
풀 내음으로 손짓하지만
한들한들 피곤한 몸짓만 가득

작은 일에 웃고 우는 꽃들
눈치를 보며 살았으니
이룬 것은 모래 위 뿌리

한순간 뙤약볕 내리쬐는
사막에 앉아보았으니
오늘은 천국이다가,
내일은 지옥일 수 있는 걸음들
꿈에서 문 열고 나오니 한순간이더라

기 회

먹구름에 삼켜
빛 한 점 보이지 않을 때
모진 걸음은 터벅터벅 길을 간다

고른 숨 내쉬며
더는 내디딜 수도, 물러설 수도 없음을
한파 속 두 발은 검은빛에 갇혔다

창공 나는 갈매기를 보며
어렴풋이 다가오는
빛의 손짓을 본다

동트는 새벽녘
나에게도 길이 왔음을

요람 안 돌확

돌확 안에서 하늘이 내리치는 빗살에
바다의 뱃살은 요동친다
산이 감싼 요람을 깨우고
물결 속 요동치는 뱃살은
흉흉한 시간을 보내었는가. 그렇게

하늘 가로질러 떠 있는 구름
또 내리칠지 알 수 없는 분노를
막기 위해 공중에서 품을 펼치고 있다

파랑새 고요 속 활발히 숨 쉬는 시간

물결치는 뱃살 속에서 뛰어오른 숭어는
하늘과 바다가 한바탕 기 싸움을 벌였음을
아는지 모르는지 신이 나 있다

저 멀리 이마에 빛난 왕관 주렁주렁 매달고
숭어의 길을 따라 미끄러져 달리는 하얀 범선
바람에 노래가 실린다

아- 그렇게 고요는 깨어지고
섬으로-
갈매기 바람을 가르며 창공을 젓는다

구름 속 삐져나온 빛은 선線에 올라타
바다에 내리꽂히고
검붉은 낙조를 그리며 오늘은 저물어 간다
내일을 깨우기 위해서

내 속에 잠자는 고향도
이렇게 살이있나 보다

욕지도

 태곳적부터 바다에 내려앉은 섬 하나.

 대양을 거쳐 여행하던 고래가 땀을 식히고, 멸치도 떼 지어 구경 다녔다
 배꼽에 똬리 틀고 앉은 천왕산은 파수꾼이 되어 오가는 이들을 내려다본다
 바다 건너 땀 흘리며 날아온 새도 쉬었다가, 물 한 모금을 축이며 수다 떨고 가는 곳,
 젖줄이 되었다.

 걸음은
 천왕산의 품에 안겨 흘러나오는
 젖줄을 먹으며, 검고 흰 파 뿌리로 살아가고
 숲과 바다에서 풍어제로
 굿판을 벌이며 왁자지껄하게 흥이 춤춘다.

 산허리에는 섬의 온기를 간직한 요람이 있다.

 나이를 알 수 없는 축 늘어진 가지 만발한 늙은 나무는
 오가는 이들의 말을 귀에 담아

바다가 보내주는 해풍과 수군거리며 맞장구를 치고
그곳에서
아버지와 어머니의 땀이 스며 있는 그네 타는 색동옷을 품고 있다
배꼽에 앉은 동네를 울리는 고추가
볏짚단 위에 주렁주렁 매달려 춤춘다.

섬 주위엔 햇살 쬐는 조약돌이 줄지어 있고
산등성 타고 다니는 사슴은 마실을 다닌다
거북이도 수영하며 묵은 때를 벗기려 쉬는 곳
오가는 이들을 물끄러미 바라보고 있다
고향은 요람을 품고서 속삭인다.

내가 살던 고향은 그곳에도 있다

 작은 우주 속에서 열 달을 헤엄치며 지내온 걸음. 빅뱅 속 우렁찬 울음소리에 동네는 웃음꽃 피우며 잔치를 벌이고, 어깨 환하게 벌리고 불끈 쥔 양 주먹으로, 초가삼간 머리 볏짚 위에 고추는 대롱대롱 춤을 춘다. 색동옷 기어다는 그곳 주위에 밤낮 웃음꽃 만발하여 지지 않고, 해와 달을 불러들이고, 동쪽 해는 서쪽 달 불러올릴 때까지 땅에서 살았다. 그림자 어둠을 먹을 때까지.

 조용한 울음은 길손님이 되어 배웅하고, 동네는 울음 속 침묵으로 눈물 꽃 내리며, 고이 가라고 밥상을 푸짐하게 차려주었다. 하얀 옷 몸에 두르고 눈물 꽃이 밤낮을 지키던 그곳. 양손은 먼지 한 점 가지지 못하는 기력에 힘없이 펼쳐져 있다. 해와 달이 세 번의 길을 나누는 사이, 왔던 걸음 아쉬워하며 먼 길 떠날 준비를 한다. 땅 위에서 살았으니, 이제는 땅속 길을 찾아 타계에서 더 푸르게 고적孤寂의 그림자를 띄운다. 색동옷 춤추는 고향 그리워하며 잘 걸어왔음을.

 다시 올 수 없는 영원한 곳으로 그림자는 작아져 간다. 고향을 보내고 또 고향을 맞이한다.

| 에필로그 |

고 향

경남 통영에서 배를 타고 오십 분가량 가다 보면 욕지라는 섬이 나온다. 지금은 교통편이 좋아 관광객이 활발히 왔다 갔다 하지만, 어렸을 때만 해도 육지로 나오려면 하룻길을 염두에 두어야 했다. 여객선이 삼십 분에서 사십 분 간격으로 있고, 카페리호도 있어 차로 들어오고 나갈 수 있도록 시설이 되어 있다.

욕지항에서 이십여 분 걸어가면 산 중턱에 자리 잡은 '동항리 청사'라는 마을이 나온다. 이곳은 내가 태어나 자라며 놀던 마을이다. 조그마한 마을이다 보니 사람이 많이 살지는 않았다.

어린 시절 머릿속에 훤히 비치는 집은 마당에 큰 돌이 있었고, 옆에는 5미터 정도 되어 보이는 나무가 있었다. 아버지는 어디서 잡아 오셨는지 나무에 뱀을 매달아 피를 빼내는 일을 하였고, 산이나 들에서 잡아 온 짐승을 매달아 두기도 하였다. 앞마당을 지나 집 옆으로 가면 뒤뜰이 펼쳐져 있었는데, 뒤뜰에는 탱자나무가 간격에 맞추어 가득 심겨 있었고, 집 주위를 따라 심겨 있는 것은 울타리 역할을 했다. 한쪽에는 나무판자 여기저기 못질을 하여 철사로 얽히고설키게 만들어진 토끼집이 있고, 옆에는 염소

집과 한가로이 풀을 뜯고 있는 염소가 있었다. 가끔 이곳에서 아버지는 염소를 잡기도 하였다.

 마을 중앙에는 넓은 공터가 있었다. 이곳에서 또래 아이 대여섯 명과 편을 나누어 칼싸움과 대장 놀이를 하며 동네를 휘저어 살아 있게 했고, 노는 것이 싫증이 나면 산에 올라가 먼바다의 출렁이는 파도를 바라보기도 했다. 그러던 어느 날 바다를 바라보고 있는데, 바다에서 움직이는 것이 물을 뿜고 있어 무엇인지 몰라 한참 동안 응시하며 궁금해했다. 지금에 와서 생각해보니 고래였던 것 같다.

 어느덧 강산이 네 번 넘게 바뀌어 고향 집을 찾아가 보니, 옛날 살던 고향의 모습은 온데간데없고, 저녁노을 속으로 불쑥 빼어나온 굴뚝 속에서 뭉게뭉게 피어오르던 연기와 저녁밥 짓던 집들도 보이지 않는다. 옛날의 영화를 기리듯 길가에 무성히 자리 잡은 잡초들과 무너져 가는 폐가의 무리만 고향을 지키고 있어, 마을에는 적막과 인적人跡 없는 고요함이 흐른다.

 산에서 흘러내리는 개울을 지나 태어났던 집으로 가보니, 마당에는 무리를 이룬 무성한 잡초만 가득하여 여기가 사람이 살지 않는 곳이라는 것을 알게 해준다. 집 마당 옆에 박혀 있는 큰 바위만 오랜 세월 속에 변함없이 자리를 지키며 자태를 드러내고, 지붕 위의 이름 모를 풀은 산들바람에 흔들리는 몸짓으로 옛 주인의 귀향을 반기고 있다.

 집 안으로 들어가 보니 잡초들과 함께 부서져 가는 가래와 기구들이 이리저리 널려 있고, 방 앞의 마룻바닥은 썩고 갈라져 손가락을 갖다 대기만 해도 부서질 것 같다. 어려서 잡고 놀던 방문의 창호지는 구멍이 송송 나 있는가 하면, 찢어져 없어졌고, 방문 틀에 있는 경첩은 녹이 슬어 너덜거리고 있다. '여기서 내가 자랐구나!' 하는 생각과 함께 흔적이 어른이 되어버린 내 눈을 잡는다.

어린 시절 아버지가 계셔서 평온함이 넘치던 곳은 삭막하여지고, 친구들과 함께 뛰놀던 공터는 낯설고 좁게만 여겨진다. 아직도 어린 시절 뛰놀던 집이 눈에 선하여 자리 잡고 있지만, 다 쓰러져 가는 초라한 집과 지붕 위의 잡초가 세월이 흘렀음을 말하고 있다. 어릴 때 놀던 고향의 모습은 어디로 갔는지 보이지 않고, 고요함이 감도는 인적 드문 마을 거리와 다 쓰러져 가는 집만 보이니. 세월이 흘러 고향도 나이를 먹어서인가 보다. 마냥 크게 보이던 마을과 태어난 집은 작고 초라해져 있으니. 나이를 먹으면 눈도 달라지는가 보다. 격세지감이라! 어느덧 나도 무너져 가는 고향 집과 같이 세월 속에서 변화돼 가고 있구나!

세상과 함께 고향은 변해가지만, 여전히 내 속에 있는 어릴 적 고향은 한가롭게 놀던 모습과 함께 눈에 환하게 비친다. 마을 사람의 웅성거리는 소리가 동네에 가득하고, 공터에서 친구들과 무리 지어 이리저리 뛰노는 모습과 분주히 움직이며 일하시는 아버지와 어머니의 모습이 눈에 선하다.

저 멀리 붉게 물들고 있는 노을 사이로 담 넘어 동네를 울리는 어머니의 "저녁 먹어라!"는 소리는 정적을 깨며, 내 귓속에 울려 퍼지고 있다.

경남시인선
224

고향은 쉼 없이 말한다
김판암 시집

펴낸날　　2020년 10월 20일

지은이　　김 판 암
펴낸이　　오 하 룡
펴낸곳　　도서출판 경남

주소　　창원시 마산합포구 몽고정길 2-1
연락처　　(055)245-8818, fax.(055)223-4343
블로그　　gnbook.tistory.com
이메일　　gnbook@empas.com
등록　　제1985-100001호(1985. 5. 6.)
편집팀　　오태민 | 심경애 | 구도희

ISBN　　979-11-89731-74-8-03810

ⓒ김판암

*잘못된 책은 바꿔 드립니다.
*저자와 협의 인지 생략합니다.
*이 책은 경남문화예술진흥원의 문화예술지원을 보조받아 발간되었습니다.

〔값 10,000원〕